中华人民共和国行业推荐性标准

公路工程卫星图像测绘技术规程

Specifications of Satellite Imagery Mapping
in Highway Engineering

JTG/T C21-02—2014

主编单位：中交第二公路勘察设计研究院有限公司
批准部门：中华人民共和国交通运输部
实施日期：2014 年 08 月 01 日

人民交通出版社股份有限公司

图书在版编目（CIP）数据

公路工程卫星图像测绘技术规程：JTG/T C21-02—2014／中交第二公路勘察设计研究院有限公司主编．－－北京：人民交通出版社股份有限公司，2014.7

ISBN 978-7-114-11540-0

Ⅰ．①公… Ⅱ．①中… Ⅲ．①道路工程—卫星测量法—技术规范 Ⅳ．①U412.2-65

中国版本图书馆 CIP 数据核字（2014）第 154236 号

标准类型：	**中华人民共和国行业推荐性标准**
标准名称：	**公路工程卫星图像测绘技术规程**
标准编号：	**JTG/T C21-02—2014**
主编单位：	中交第二公路勘察设计研究院有限公司
责任编辑：	李　洁
出版发行：	人民交通出版社股份有限公司
地　　址：	（100011）北京市朝阳区安定门外外馆斜街 3 号
网　　址：	http://www.ccpress.com.cn
销售电话：	（010）59757973
总 经 销：	人民交通出版社股份有限公司发行部
经　　销：	各地新华书店
印　　刷：	北京市密东印刷有限公司
开　　本：	880×1230　1/16
印　　张：	2.75
字　　数：	70 千
版　　次：	2014 年 7 月　第 1 版
印　　次：	2019 年 4 月　第 2 次印刷
书　　号：	ISBN 978-7-114-11540-1
定　　价：	25.00 元

（有印刷、装订质量问题的图书，由本公司负责调换）

中华人民共和国交通运输部

公 告

第 26 号

交通运输部关于发布《公路工程卫星图像测绘技术规程》的公告

现发布《公路工程卫星图像测绘技术规程》（JTG/T C21-02—2014），作为公路工程行业推荐性标准，自 2014 年 8 月 1 日起施行。

《公路工程卫星图像测绘技术规程》（JTG/T C21-02—2014）的管理权和解释权归交通运输部，日常解释和管理工作由主编单位中交第二公路勘察设计研究院有限公司负责。

请各有关单位注意在实践中总结经验，及时将发现的问题和修改建议函告中交第二公路勘察设计研究院有限公司（地址：武汉市经济技术开发区创业路 18 号，邮政编码：430056），以便修订时研用。

特此公告。

中华人民共和国交通运输部
2014 年 6 月 10 日

交通运输部办公厅　　　　　　　　　　　　　　　　　2014 年 6 月 23 日印发

前 言

根据交通运输部厅公路字〔2011〕115号文《关于下达2011年度公路工程标准制修订项目计划的通知》的要求,由中交第二公路勘察设计研究院有限公司承担《公路工程卫星图像测绘技术规程》(以下简称"本规程")的制定工作。

1m或更高地面分辨率的卫星图像,已能满足工程建设勘察设计的需要。我国公路行业自2001年研究并应用1m或更高地面分辨率的卫星图像进行公路建设以来,各勘察设计单位结合工程建设特点对卫星图像进行了大、中比例尺数字化测绘及设计集成应用。为科学、合理地确定卫星图像测绘技术指标,统一指导工程实践,本规程编写组在总结、归纳公路工程卫星图像测绘研究与工程应用经验的基础上,结合行业特点,对相关技术指标进行了充分验证。

本规程共有11章和2个附录,分别为:1 总则、2 术语、3 资料搜集与技术计划制订、4 卫星图像数据采集、5 卫星图像控制测量、6 卫星图像调绘、7 卫星图像区域网平差、8 数字高程模型生成、9 数字正射影像图制作、10 数字线划地形图生产、11 地形图修测、附录A 地形要素分类及属性和附录B 地形要素变化率计算方法。

请各有关单位在执行过程中,将发现的问题和意见,函告本规程日常管理组,联系人:陈楚江(地址:武汉市经济技术开发区创业路18号,中交第二公路勘察设计研究院有限公司,邮编:430056;电话:027-84214097;传真:027-84214349;邮箱:cjchen@vip.163.com),以便修订时参考。

主编单位:中交第二公路勘察设计研究院有限公司
主　　编:陈楚江
主要参编人员:赵喜安　明　洋　余绍淮
　　　　　　　　王刊生　胡爱华　张　霄
主　　审:黄文元

目　次

1 总则 ·· 1
2 术语 ·· 3
3 资料搜集与技术计划制订 ··· 5
　3.1 资料搜集 ··· 5
　3.2 资料分析 ··· 5
　3.3 技术设计书编写 ·· 6
4 卫星图像数据采集 ··· 7
　4.1 一般规定 ··· 7
　4.2 卫星图像地面分辨率选择 ·· 7
　4.3 卫星图像采集 ··· 8
　4.4 质量检查 ··· 9
　4.5 资料提交 ··· 9
5 卫星图像控制测量 ·· 10
　5.1 一般规定 ·· 10
　5.2 图像控制点布设 ··· 10
　5.3 图像控制点测量 ··· 11
　5.4 资料提交 ·· 13
6 卫星图像调绘 ·· 14
　6.1 一般规定 ·· 14
　6.2 调绘范围确定 ·· 14
　6.3 地物与地貌调绘 ··· 14
　6.4 资料提交 ·· 16
7 卫星图像区域网平差 ··· 17
　7.1 一般规定 ·· 17
　7.2 卫星图像连接点选择 ··· 17
　7.3 卫星图像坐标量测 ·· 18
　7.4 卫星图像区域网平差 ··· 18
　7.5 资料提交 ·· 19
8 数字高程模型生成 ·· 20
　8.1 一般规定 ·· 20
　8.2 数据采集 ·· 20

8.3 数据处理	21
8.4 质量检查	22
8.5 资料提交	23

9 数字正射影像图制作 ... 24
    9.1 一般规定 ... 24
    9.2 数据处理 ... 24
    9.3 质量检查 ... 25
    9.4 资料提交 ... 26

10 数字线划地形图生产 ... 27
    10.1 一般规定 ... 27
    10.2 数据采集 ... 27
    10.3 数据编辑 ... 28
    10.4 质量检查 ... 29
    10.5 资料提交 ... 30

11 地形图修测 ... 31
    11.1 一般规定 ... 31
    11.2 数据采集与编辑 ... 31
    11.3 质量检查 ... 32
    11.4 资料提交 ... 32

附录 A 地形要素分类及属性 ... 33

附录 B 地形要素变化率计算方法 ... 35

本规程用词用语说明 ... 36

1 总则

1.0.1 为适应我国公路建设需要，规范公路工程卫星图像测绘工作技术要求，制定本规程。

1.0.2 本规程适用于采用卫星图像测绘公路工程1∶2 000、1∶5 000、1∶10 000数字高程模型、数字正射影像图、数字线划地形图。

1.0.3 公路工程卫星图像测绘的数学基础应符合下列规定：

1 测绘成果坐标系统宜采用2000国家大地坐标系。当搜集2000国家大地坐标系的大地点有困难时，坐标系统可采用1980西安坐标系或1954年北京坐标系。

2 测绘成果高程系统宜采用1985国家高程基准。当搜集1985国家高程基准的水准点有困难时，高程系统可采用1956年黄海高程系。

3 投影面的选择应使测区内投影长度变形值小于25mm/km。

1.0.4 地形类别划分应符合表1.0.4的规定。当地面坡度与相对高差有矛盾时，应以地面坡度划分为主。

表1.0.4 地形类别划分

地形类别	平原	微丘	重丘	山岭
地面坡度 α（°）	$\alpha<3$	$3\leqslant\alpha<10$	$10\leqslant\alpha<25$	$\alpha\geqslant25$
相对高差 Δh（m）	$\Delta h<20$	$20\leqslant\Delta h<80$	$80\leqslant\Delta h<350$	$\Delta h\geqslant350$

1.0.5 基本等高距应依据地形类别按表1.0.5确定。

表1.0.5 基本等高距（m）

成图比例尺	平原	微丘	重丘	山岭
1∶2 000	1.0	1.0	2.0	2.0
1∶5 000	1.0	2.0	5.0	5.0
1∶10 000	2.0	2.0	5.0	10.0

1.0.6 地形图精度应符合下列规定：

1 地物点平面位置中误差应小于表1.0.6-1的规定值。

表 1.0.6-1 地物点平面位置中误差（图上 mm）

地形类别	平原、微丘	重丘、山岭
平面位置中误差	0.6	0.8

2 等高线高程中误差应小于表 1.0.6-2 的规定值。高程注记点的高程中误差应小于表 1.0.6-2 规定值的 0.7 倍。

表 1.0.6-2 等高线高程中误差（m）

成图比例尺	平 原	微 丘	重 丘	山 岭
1:2 000	0.5	0.7	1.5	2.0
1:5 000	0.5	1.5	3.0	4.0（地形变换点）
1:10 000	1.0	1.5	3.0	7.0（地形变换点）

3 林区、阴影覆盖的困难地区，地物点平面位置中误差和等高线高程中误差应分别小于表 1.0.6-1、表 1.0.6-2 规定值的 1.5 倍。

1.0.7 应采用中误差作为评定精度的指标，两倍中误差为极限误差。

1.0.8 公路工程卫星图像测绘除应符合本规程的规定外，尚应符合国家和行业现行有关标准的规定。

2 术语

2.0.1 卫星传感器 satellite sensor

人造地球卫星上收集、探测、记录测量对象的电磁波辐射、反射或散射特性的器件或装置。

2.0.2 数学基础 mathematic base

为控制地图地理要素分布位置和几何精度，由一数学法则构成的基础，包括坐标系统、高程系统、投影、比例尺等。

2.0.3 卫星图像地面分辨率 ground sampling distance

指卫星图像像元大小对应的地面距离。

2.0.4 高分辨率卫星图像 high resolution satellite imagery

指卫星图像地面分辨率小于或等于1m的图像。

2.0.5 中分辨率卫星图像 middle resolution satellite imagery

指卫星图像地面分辨率大于1m但小于或等于10m的图像。

2.0.6 垂直偏离角 tilt angle

卫星传感器主光轴与垂线的夹角。

2.0.7 元数据 metadata

数据的内容、质量、状况和其他特性的描述性数据。

2.0.8 有理函数模型 rational function model （RFM）

通过有理函数构建物方点与卫星图像像方点的空间几何关系的数学模型。

2.0.9 有理多项式系数 rational polynomial coefficients （RPC）

有理函数模型的系数，包括有理函数系数和规格化参数。

2.0.10 RPC区域网平差 RPC block adjustment

基于RPC的扫描条带或区域整体平差，修正卫星图像与探测目标之间的空间数学模型，并求解待定点的平面位置、高程的方法。

2.0.11 卫星图像调绘　satellite imagery annotation

利用卫星图像进行判读、调查和绘注工作的总称。

2.0.12 不规则三角网　triangulated irregular network　（TIN）

由不规则分布的数据点连成的三角网，是地表模型的一种形式。

2.0.13 数字高程模型　digital elevation model　（DEM）

以规则格网点的高程值表达地表起伏的数据集。

2.0.14 数字正射影像图　digital orthophoto map　（DOM）

经过正射投影改正的影像。

2.0.15 数字线划地形图　digital line graphic　（DLG）

地形要素及地理信息以数字形式表达的地形图。

2.0.16 地形图修测　map revision

按规定修改、删除或增补地形图内容的工作。

2.0.17 全面修测　completely revision

对地形图全部地形要素及属性进行修测的工作。

3 资料搜集与技术计划制订

3.1 资料搜集

3.1.1 卫星图像测绘应搜集公路工程方案、测区地形图、控制测量成果和卫星图像等资料。

3.1.2 公路工程方案资料搜集应符合下列规定：
 1 工程可行性研究阶段，应搜集路线走廊带及互通枢纽、特大桥、特长隧道、服务区的工程方案。
 2 初测阶段，应搜集工程可行性研究路线走廊带及控制节点，以及拟定的路线、互通枢纽、大桥、特大桥、隧道和服务区的工程方案。
 3 一次定测阶段，应搜集路线、桥梁、隧道、路线交叉的工程方案。

3.1.3 测区地形图资料搜集应符合下列规定：
 1 工程可行性研究阶段搜集的地形图最小比例尺应不小于1:50 000。
 2 初测阶段或一次定测阶段搜集的地形图最小比例尺应不小于1:10 000。
 3 当测区有数字地形产品时，宜搜集相应比例尺的数字化产品及其元数据。

3.1.4 控制测量成果资料应搜集测区内一级或一级以上平面控制点、五等或五等以上高程控制点资料，以及似大地水准面模型数据。

3.1.5 卫星图像资料应搜集测区内存档卫星图像的相关资料，包括卫星传感器、卫星图像地面分辨率及采集时间等。

3.2 资料分析

3.2.1 应分析公路工程方案，并应确认卫星图像测绘范围。

3.2.2 应分析地形资料的覆盖范围、生产时间、平面坐标系统和高程系统。

3.2.3 应分析控制点的分布位置、精度等级、坐标系统和高程系统，以及似大地水准面模型精度。

3.2.4 应分析存档卫星图像的采集模式、能达到的精度和现势性，以及多景单片卫星图像构成立体模型的可能性。

3.3 技术设计书编写

3.3.1 技术设计书应包括作业依据、实施方案、质量检查、进度安排、资料提交等内容。

3.3.2 作业依据应包括卫星图像传感器、卫星图像地面分辨率选用的依据，以及引用标准或其他技术文件等。

3.3.3 实施方案应包括卫星图像测绘的技术流程、作业方法、软硬件配置等。

3.3.4 质量检查应包括检查内容、检查方法和抽检比例等。

4 卫星图像数据采集

4.1 一般规定

4.1.1 卫星图像数据采集应按卫星图像地面分辨率选择、卫星图像采集、质量检查和资料提交流程作业。

4.1.2 应依据公路工程勘察设计阶段及其工程方案确定卫星图像数据采集范围。

4.2 卫星图像地面分辨率选择

4.2.1 应根据卫星图像成图比例尺和无控地理定位精度，选择相应地面分辨率的卫星图像。

4.2.2 成图比例尺对应的卫星图像地面分辨率宜符合表4.2.2的规定。

表4.2.2 成图比例尺对应的卫星图像地面分辨率（m）

成图比例尺	地形类别	卫星图像地面分辨率
1:2 000	平原	—
	微丘	≤0.5
	重丘	≤1.0
	山岭	
1:5 000	平原	—
	微丘	≤0.5
	重丘	≤1.0
	山岭	
1:10 000	平原	≤0.5
	微丘	
	重丘	≤1.0
	山岭	≤2.5

4.2.3 卫星图像在WGS-84坐标系统的无控地理定位精度宜优于表4.2.3的规定。

表 4.2.3 卫星图像无控地理定位精度（m）

卫星图像地面分辨率	平　　面	高　程
0.5	10	6
1.0	20	10
2.5	50	30

4.3 卫星图像采集

4.3.1 工程可行性研究阶段，卫星图像采集范围宜超过路线走廊带外侧 1 000m。

4.3.2 初测阶段或一次定测阶段，卫星图像采集范围宜按路线方案及互通枢纽、桥梁、隧道等工程方案进行设计，并应符合下列规定：
  1 公路路线采集范围宜超过路线方案中心线两侧各 500m。
  2 互通枢纽及服务区的采集范围宜自工程范围线向外延伸 500m。
  3 大桥、特大桥的采集范围，上游应为桥长的 2 倍，下游应为桥长的 1 倍。
  4 1 000m 及以上隧道的采集范围宜超过隧道方案线两侧各 700m，短于 1 000m 的隧道视同路线方案处理。
  5 工程起、终点处的采集范围应纵向各向外延伸 1 000m。

4.3.3 卫星图像同时用于工程可行性研究阶段和初测阶段或一次定测阶段时，采集范围应按照工程可行性研究阶段采集范围的要求执行。

4.3.4 卫星图像数据可编程采集或选择存档数据，并应符合下列规定：
  1 卫星传感器垂直偏离角应小于 35°，宜小于 25°。
  2 卫星图像在工程方案线两侧各 300m 范围内应无云层覆盖。
  3 编程采集卫星图像宜顺路线总体方向推扫，宜避开冰雪覆盖季节。
  4 存档卫星图像宜选择两年以内的图像；组成立体像对的两个单景卫星图像宜为相同传感器采集，且其时间间隔应不超过 3 个月。
  5 卫星图像测绘的同名像点交会角应大于 30°。

条文说明

  1 垂直偏离角小于 25°时，卫星数据采集所得到的图像由于倾斜而引起的地表起伏变形较小，遮挡、死角也较少。倾角越大，卫星图像会产生侧视效果，采集的地表分辨率下降，地表死角较多，同时，也影响图像的立体观测效果。

4.3.5 采集的卫星图像记录格式宜为 NITF 格式或 GeoTiff 格式。采用 GeoTiff 格式时，应配有相应卫星图像有理多项式系数。

4.4 质量检查

4.4.1 质量检查应检查卫星图像的图像噪声和采集状况。

4.4.2 图像噪声检查应检查卫星图像的几何畸变和辐射量失真，不应出现周期性条纹、亮线、斑点及周期性像素偏移、错行或部分行、列数据缺失状况。

4.4.3 采集状况检查应检查卫星图像的采集角度、采集时间、云层覆盖。测图范围内不应出现云、雾现象。

4.5 资料提交

4.5.1 卫星图像采集应提交下列资料：
 1 卫星图像数据及缩略图；
 2 有理多项式系数文件；
 3 卫星图像支持数据；
 4 数据采集报告。

4.5.2 卫星图像支持数据宜包含星历、姿态角及其元数据等信息。

4.5.3 数据采集报告应包括卫星图像的采集编号、边界范围等信息。

5 卫星图像控制测量

5.1 一般规定

5.1.1 卫星图像控制测量应按基础控制测量、图像控制点布设、图像控制点测量和资料提交流程作业。

5.1.2 基础控制测量的平面控制测量等级应不低于一级,高程控制测量等级应不低于五等。

5.1.3 卫星图像控制点平面位置中误差应小于地形图地物点平面位置中误差的1/5,高程中误差应小于相应比例尺基本等高距的1/10。

5.1.4 采用似大地水准面模型计算高程异常时,数据拟合精度应优于1/12基本等高距。

5.2 图像控制点布设

5.2.1 卫星图像控制点应根据卫星图像地面分辨率、成图比例尺等因素,沿公路路线方案走向布设。卫星图像控制点应统一编号。

5.2.2 卫星图像控制点的布设位置、数量和密度应符合下列规定:
1 应布设在卫星图像至少二度重叠范围内。
2 控制点间隔应小于2.5M mm(M为成图比例尺分母)。
3 当卫星图像立体模型间无法选择连接点时,应保证每个卫星图像立体模型至少有1个图像控制点。

5.2.3 卫星图像控制点点位选择应符合下列规定:
1 卫星图像平面控制点应选在近于直角的线状地物的交点、地物拐角或点状地物中心等明显地物点上,目标影像应清晰、易于判别和立体量测;不应选在被阴影或投影遮挡处。
2 卫星图像高程控制点宜选在高程变化较小处。当点位选在高于地面的地物顶部时，应量注顶部与地面的比高。

  3 卫星图像平高控制点的选择应同时满足平面控制点和高程控制点的点位要求。

5.2.4 卫星图像控制点的标定宜采用图像刺点或现场拍摄数码照片的方法。图像刺点实地判点误差、刺点误差均应小于图上 0.1mm；刺孔直径不应大于图上 0.1mm，且应刺透，不应有双孔；现场拍摄数码照片应清晰反映卫星图像控制点与周围地物的关系，且点位应易于分辨。

5.2.5 卫星图像控制点应现场绘制点位略图，所描述地物间的比例宜协调，并应符合下列规定：
  1 应注记点名或点号，简要说明控制点位置、选点者、检查者及作业日期。
  2 宜绘制点位周围明显地物。
  3 宜用上、下、左、右指示方位。

5.2.6 卫星图像控制点应采用整饰圆圈在卫星图像或现场拍摄的数码照片上圈出图像控制点标定的位置。圆圈颜色应与背景图像明显区分。

5.2.7 高分辨率卫星图像生产 1:10 000 数字线划地形图、数字高程模型或数字正射影像图时，可不布设卫星图像控制点，并应符合下列规定：
  1 应采用似大地水准面模型进行高程系统转换。
  2 坐标系统不采用 2000 国家大地坐标系时，应进行平面坐标系统转换。

5.3 图像控制点测量

5.3.1 卫星图像控制点的平面位置测量宜采用全球导航卫星系统测量或导线测量。

5.3.2 平面位置全球导航卫星系统测量宜采用双基准站的快速静态测量或 RTK 测量。多次测量的点位较差小于 0.1m 时，可直接采用一次测量结果作为最后的成果。全球导航卫星系统测量观测技术要求应符合表 5.3.2 的规定。

表 5.3.2 全球导航卫星系统测量观测技术要求

技 术 指 标	快速静态测量	RTK 测量
图像控制点至基准站距离（km）	≤10	≤5
卫星高度角（°）	≥15	≥15
同步锁定卫星数（颗）	≥4	≥5
GDOP	≤6	≤6

续表 5.3.2

技 术 指 标	快速静态测量	RTK 测量
观测时间（min）	≥15	—
观测历元数（个）	—	>20
观测次数（次）	双基站1，单基站3	3

5.3.3 平面位置导线测量技术要求应符合表5.3.3的规定。

表 5.3.3 导线测量技术要求

导线类别	地形类别	路线全长（图上 mm）	边数（条）	测角中误差（″）	方位角闭合差（″）	导线闭合差（图上 mm）	距离往返测较差（图上 mm）
附合导线	平原、微丘	3 500	12	20	$\leq 24\sqrt{n}$	0.5	—
	重丘、山岭	4 500	15	20	$\leq 24\sqrt{n}$	0.7	—
支导线	—	900	3	20	—	—	$3(a+bD)$

注：1. n 为转折角个数。
　　2. a 为标称精度中的固定误差（mm）；b 为标称精度中的比例误差（mm/km）；D 为边长度（km）。

5.3.4 卫星图像控制点的高程测量可采用水准测量、光电测距三角高程测量或全球导航卫星系统高程测量。

5.3.5 水准测量应起闭于高程控制点。水准测量技术要求应符合表5.3.5的规定。节点间或节点与高级点间的长度不得大于表5.3.5中规定的水准路线长度的0.7倍。

表 5.3.5 水准测量技术要求

每公里观测高差全中误差（mm）	水准路线长度 L（km）		视线长度（m）	观测次数		往返较差、附合或闭合路线闭合差（mm）	
	附合或闭合路线	支线		附合或闭合路线	支线或与已知点联测	平原、微丘	重丘、山岭
≤20	≤6	≤3	≤100	往一次	往返各一次	$\leq 40\sqrt{L}$	$\leq 12\sqrt{n}$

注：n 为测站数。

5.3.6 光电测距三角高程测量技术要求应符合表5.3.6的规定。

表 5.3.6 光电测距三角高程测量技术要求

每公里观测高差全中误差（mm）	路线长度（km）	最大边长（m）	垂直角测回数（测回）	指标差较差（″）	垂直角较差（″）	对向观测高差较差（mm）	附合或闭合路线闭合差（mm）
≤20	≤6	600	中丝法 ≥2	≤25	≤25	$\leq 60\sqrt{D}$	$\leq 40\sqrt{\sum D}$

注：D 为光电测距边长度（km）。

条文说明

大量试验资料证明，光电测距三角高程测量距离大于600m时，受大气折光的影响将突然增加，故规定光电测距三角高程测量其边长应小于或等于600m。

5.3.7 全球导航卫星系统高程测量应符合下列规定：

1 全球导航卫星系统高程测量观测技术要求应按表5.3.2中有关规定执行。

2 宜采用似大地水准面模型进行高程转换。不具备条件时，平原、微丘地区，应在测区联测不少于6个均匀分布的高程控制点；重丘、山岭地区，联测距离小于5km时，宜联测3个包络图像控制点的高程控制点，联测距离小于1km时，可联测1个高程控制点。

3 应对图像控制点进行高程精度检查，检测点数应不少于全部图像控制点数的10%，且应为3个以上。

5.4 资料提交

5.4.1 卫星图像控制测量应提交下列资料：
1 仪器检定证书；
2 原始记录手簿；
3 图像控制点联测略图；
4 图像控制点标定与点位略图；
5 图像控制点计算成果及说明；
6 技术总结。

5.4.2 测区有多个投影带或投影面时，不同投影带或投影面分界附近的图像控制点应同时具有不同投影带或投影面的计算成果。

6 卫星图像调绘

6.1 一般规定

6.1.1 卫星图像调绘应包括调绘范围确定、地物地貌调绘与补充测量和资料提交工作。

6.1.2 卫星图像调绘可采用先内后外法、先外后内法或内外一体化法。

6.1.3 卫星图像调绘宜以内业判读为主，外业调绘为辅。内业能直接判读的部分可不进行外业调绘。

6.1.4 云影遮挡、植被覆盖严重的区域应标示出范围，并进行实地补测。新增地物应进行实地调绘或补测。

6.2 调绘范围确定

6.2.1 调绘的卫星图像应符合下列规定：
1 卫星图像宜根据工作区范围适当裁剪。
2 卫星图像调绘接边处重叠度应大于10%，在重叠范围内绘出接边线。
3 调绘范围标绘应绘在卫星图像立体重叠范围内，距卫星图像边缘应大于10mm；接边线宜避免与线状地物重合或分割居民地。

6.2.2 复杂地区调绘作业时，调绘图像比例尺应不小于成图比例尺2倍。

6.2.3 应对全线调绘范围绘制调绘接图表，并注明卫星图像编号、测段号。

6.3 地物与地貌调绘

6.3.1 居民地及设施调绘应符合下列规定：
1 居民地的表示应准确反映居民地特征，分清主次街道与外围轮廓。
2 居民地及设施宜根据类别和性质及成图比例尺要求进行综合取舍，地物较密集地区宜选择经济价值较大且与公路设计有直接关系的突出地物加以表示。

3　1∶2 000 地形图调绘，房屋应注明材料，两层及以上楼房应注层数；1∶5 000、1∶10 000地形图调绘，房屋可不注层数。

6.3.2 独立地物调绘应符合下列规定：
1　依比例尺表示的地上独立地物应调绘外轮廓，填绘符号；不依比例尺表示的，应准确表示其定位点和定位线。
2　散坟宜按实地位置调绘；坟群调绘范围，应散列配置符号。
3　1∶2 000 地形图调绘，应标明地下建筑物的出口、入口和天窗。

6.3.3 道路及附属设施调绘应符合下列规定：
1　道路调绘应位置准确、等级明确、注记完整、取舍恰当。
2　隧道和涵洞宽度图上大于 1mm 时，应依比例尺表示。
3　公路等级代码应符合表 6.3.3 的规定。

表 6.3.3　公路等级代码

代　码	公　路　等　级	代　码	公　路　等　级
0	高速公路	3	三级公路
1	一级公路	4	四级公路
2	二级公路	9	等外公路

6.3.4 管线调绘应符合下列规定：
1　电力线、通信线的转折点、分岔点应准确测绘；地下电缆有地面标志时，应按实际位置绘出。
2　同一电杆上架有多种线路时，应表示主要线路。
3　高压电线杆、铁塔应按实际位置绘出，高压电线应加注电压数；1∶5 000、1∶10 000地形图电力线调绘可只表示 10kV 以上的高压电线。
4　水管的地面部分应按实际位置绘出。
5　石油、天然气等管道地面及架空部分应按实际位置绘出并注记输送物质。
6　电力、电信地下管道检修井应调绘。

6.3.5 水系及附属设施调绘应符合下列规定：
1　应调绘河流流向和名称。
2　沟渠宽度图上大于 0.5mm 时，应标注实地宽度。
3　居民地外的水井应调绘。

6.3.6 境界调绘应符合下列规定：
1　应调绘乡镇及以上境界和自然保护区境界；1∶10 000 地形图可只调绘县及以上

境界。
    2 应采用当地政府部门确认的境界名称。
    3 两级以上行政区划境界重合时，应标注高级行政区划境界。
    4 调绘乡级以上国营农、林、牧场界，应采用乡、镇界符号表示。

6.3.7 地貌和土质调绘应调绘下列内容：
    1 地貌应调绘陡崖、岩墙、崩崖、滑坡、泥石流、冲沟、地裂缝、岩溶溶斗、黄土漏斗、山洞、陡石山、梯田坎、火山口等。
    2 土质应调绘石块地、干河床和各类沙地等。

6.3.8 植被调绘应符合下列规定：
    1 应重点调绘覆盖面积大、经济价值高的植被。
    2 应采用地类界描绘成林、幼林、苗圃、竹林、灌木林、经济林、经济作物地、菜地、水稻田、旱地等。
    3 同一地段生长多种植物时，应表示主要植被类型。
    4 应量注树林、竹林、灌木林平均高度，沟底、交叉口、山凹、鞍部等关键地段应实地量取树高。

6.3.9 地理名称调查及注记应符合下列规定：
    1 居民地、城市、集镇、村庄，机关、学校、企业、事业、工矿，大城市中主要的街道，以及山地、江河、湖泊、海洋的地理名称，应实地调查。
    2 地理名称过密时，宜用总名或知名的名称表示。
    3 同一级名称的字体、大小和字隔应一致。
    4 名称注记应指向明确，排列宜以水平方向或垂直方向为主。

6.3.10 卫星图像调绘应进行接边，并检查调绘内容有无错漏，以及地形要素与属性是否一致。

6.4 资料提交

6.4.1 卫星图像调绘应提交下列资料：
    1 调绘的卫星图像；
    2 调绘接图表；
    3 调绘搜集的相关资料；
    4 技术总结。

6.4.2 调绘的卫星图像可用电子文件形式提交。

7 卫星图像区域网平差

7.1 一般规定

7.1.1 卫星图像区域网平差应按数据准备、卫星图像连接点选择、卫星图像坐标量测、卫星图像区域网平差和资料提交流程作业。

7.1.2 卫星图像区域网平差应准备卫星图像及有理多项式系数。当需要地面控制点时，应准备图像控制点联测略图、图像控制点标定与点位略图、图像控制点计算成果。

7.1.3 检查点可选用基础控制测量控制点或多余的卫星图像控制点。

7.2 卫星图像连接点选择

7.2.1 卫星图像连接点的数量应符合下列规定：
1 高分辨率卫星图像标准景连接点位应为6个，均匀分布成3行2列，卫星传感器推扫方向为行方向。
2 非高分辨率卫星图像标准景连接点位应为9个，均匀分布成3行3列。
3 每个点位范围内应选取2个连接点。
4 大于标准景的长条带卫星图像，应将其归化为标准景，按不同分辨率的标准景卫星图像选取连接点。

条文说明

3 每个点位选取2个连接点，一是可以提高平差解算的内部可靠性，有利于连接点中粗差的发现和改正；二是可以避免剔除粗差后连接点的补测工作。
4 标准景对于不同传感器卫星图像，其大小各不相同，但同种传感器每景卫星图像都有标准的固定扫描长度和宽度。

7.2.2 卫星图像连接点的点位应符合下列规定：
1 连接点应位于卫星图像的立体重叠区域，多条带卫星图像连接点宜选在条带重叠区域。

2 连接点宜选在近于直角的线状地物的交点或地物拐角处，且影像清晰、明显、易识别的目标点上。
3 影像特征比较稀少的区域，连接点可选在线状地物的端点或点状地物的中心处。
4 林区的卫星图像连接点宜选取空地处的明显目标点。
5 弧形或不固定的物体不应作为连接点选取目标。

7.2.3 卫星图像连接点应统一编号。

7.3 卫星图像坐标量测

7.3.1 卫星图像坐标量测应包括控制点图像坐标量测和连接点图像坐标量测工作。

7.3.2 控制点图像坐标量测应符合下列规定：
1 应依据卫星图像控制点标定与点位略图综合判读卫星图像控制点的准确位置。
2 应采用卫星图像立体量测工具量测控制点图像坐标。

7.3.3 连接点图像坐标量测应符合下列规定：
1 宜采用影像匹配获取图像坐标；必要时，应通过人工识别并采用卫星图像立体量测工具量测图像坐标。
2 单片量测时，卫星图像应放大4倍。

7.3.4 应对控制点、连接点的量测坐标进行粗差检测。存在粗差时，应重新量测。

7.4 卫星图像区域网平差

7.4.1 区域网平差的像点坐标单位权中误差应小于0.5个像元，卫星图像纹理、特征不明显的大面积沙漠、戈壁、沼泽、森林地区应小于1.0个像元。

7.4.2 区域网平差控制点和检查点平面位置中误差应小于表7.4.2的规定值。

表7.4.2 区域网平差控制点和检查点平面位置中误差（图上 mm）

类别	平原、微丘	重丘、山岭
平差控制点	0.4	0.5
检查点	0.5	0.6

7.4.3 区域网平差控制点和检查点高程中误差应小于表7.4.3的规定值。

表 7.4.3　区域网平差控制点和检查点高程中误差（m）

成图比例尺	类别	平原	微丘	重丘	山岭
1∶2 000	平差控制点	0.3	0.4	0.9	1.2
	检查点	0.4	0.5	1.0	1.4
1∶5 000	平差控制点	0.3	0.9	1.8	2.4
	检查点	0.4	1.0	2.1	2.8
1∶10 000	平差控制点	0.6	0.9	1.8	4.2
	检查点	0.7	1.0	2.1	4.9

7.4.4 同一平差控制点或检查点在不同区域网中的坐标较差的中误差应分别小于表7.4.2和表7.4.3中相应规定值的$\sqrt{2}$倍。

7.4.5 区域网平差接边应符合下列规定：

1 同地形类别卫星图像区域网之间的同名点平面坐标或高程接边，在规定限差内时，应取中数作为最后的使用值。

2 不同地形类别卫星图像区域网之间的同名点平面坐标或高程接边，在中误差要求高的地形类别规定限差内时，应将实际较差按中误差的比例进行配赋确定最后使用值。

3 不同投影卫星图像区域网之间的同名点平面坐标或高程接边，应首先换算成同一投影坐标值，再按上述1、2款确定最后使用值。

7.5　资料提交

7.5.1 卫星图像区域网平差应提交下列资料：
1 连接点分布略图；
2 卫星图像区域网平差作业文件；
3 卫星图像区域网平差报告。

7.5.2 应根据测绘产品作业环境，将区域网平差后的文件转换成相应数字摄影测量工作站可识别的作业文件。

8 数字高程模型生成

8.1 一般规定

8.1.1 卫星图像生成数字高程模型（DEM）应按导入区域网平差作业文件构建立体模型、数据采集、数据处理、质量检查和资料提交流程作业。

8.1.2 DEM 应根据卫星图像立体模型采集的地形离散点、特征点、特征线建立。植被茂盛或阴影严重地区应实地补测地面数据。

8.1.3 DEM 格网点高程中误差应不大于同比例尺地形图等高线高程中误差。

8.1.4 DEM 格式宜采用 CNSDTF – DEM 格网数据交换格式。

8.2 数据采集

8.2.1 宜根据卫星图像立体模型，按地形地貌特征，采集生成 DEM 所需的离散点、特征点和特征线数据。

8.2.2 采集点密度或点间隔，平原、微丘地区宜小于图上 10mm，重丘、山岭地区宜小于图上 5mm，且应分布均匀，准确表达地表形态。

8.2.3 离散点、特征点数据采集应采用静态单点方式，测标切准地面，采集反映地面起伏的离散碎部点、地物点、变坡点。

8.2.4 特征线数据采集应准确、有效表达地表特征，并应符合下列规定：
 1 应采集山脊线、山谷线、断裂线数据。
 2 应分别采集斜坡、陡坎上缘线、下缘线。
 3 应采集河流、湖、海等水涯线，并应精确量测静止水面高程。

8.3 数据处理

8.3.1 应根据采集的数据，构建不规则三角网模型（TIN）或直接由采集数据生成 DEM 格网点高程。

8.3.2 TIN 模型构建应符合下列规定：
1 应将地形特征线、空白区域外边缘线和作业范围线作为三角形的约束边。
2 所有三角形均不应相交或重复。
3 三角形的三个内角均宜为锐角。
4 空白区域内部和作业范围线外部应不构成有效的三角形网络。
5 三角形网络不应存在空洞。

8.3.3 TIN 模型应采用三角面插值法内插 DEM 格网点高程，并应按式（8.3.3）计算格网点高程值。

$$\begin{vmatrix} X & Y & Z & 1 \\ X_a & Y_a & Z_a & 1 \\ X_b & Y_b & Z_b & 1 \\ X_c & Y_c & Z_c & 1 \end{vmatrix} = 0 \tag{8.3.3}$$

式中： X、Y、Z——格网点的平面坐标和高程（m）；
(X_a, Y_a, Z_a)、(X_b, Y_b, Z_b)、(X_c, Y_c, Z_c)——三角形各顶点的平面坐标和高程（m）。

8.3.4 直接由采集数据生成 DEM 格网点高程，应符合下列规定：
1 以格网点为中心的动态圆内采集点数宜大于 8 个。
2 采集点宜均匀分布在以格网点为原点的平面直角坐标系的四个象限内。
3 应剔除与格网点不在特征线同一侧的采集点。
4 格网点高程宜采用二次多项式移动曲面拟合法按式（8.3.4-1）计算，当原始采集点位分布不均或插值参考点不足时，可采用距离加权平均值法按式（8.3.4-2）计算。

$$Z = \begin{bmatrix} 1 & X & X^2 \end{bmatrix} \begin{bmatrix} F & E & C \\ D & B & 0 \\ A & 0 & 0 \end{bmatrix} \begin{bmatrix} 1 \\ Y \\ Y^2 \end{bmatrix} P_i \tag{8.3.4-1}$$

式中：X、Y、Z——格网点的平面坐标和高程（m）；
$A \sim F$——内插曲面参数；
P_i——采集点的权。

$$Z = \frac{\sum_{i=1}^{n} P_i Z_i}{\sum_{i=1}^{n} P_i} \tag{8.3.4-2}$$

式中：Z——格网点高程（m）；
 Z_i——采集点高程（m）；
 P_i——采集点的权。

5 采集点权值应按采集点至格网点距离确定。

8.3.5 DEM 格网点间距应按表 8.3.5 的规定执行。

表 8.3.5 **DEM 格网点间距（m）**

成图比例尺	1:2 000	1:5 000	1:10 000
格网点间距	≤2.50	≤6.25	≤12.50

8.3.6 DEM 修改与编辑应将 DEM 格网立体模型与影像立体模型叠合或利用 DEM 所制作的左、右正射影像的零立体效应，采用单点编辑法或标记编辑法进行作业。

8.3.7 相邻 DEM 接边应至少有两排格网的重叠带。参与接边的格网点高程较差在限差内时，应取同名格网点高程的平均值；高程较差大于限差时，则应重新建立 DEM。

8.3.8 DEM 镶嵌后不应出现漏洞、重叠。

8.3.9 DEM 裁剪应依据裁剪线外扩不少于 1 排 DEM 格网进行作业。

8.4 质量检查

8.4.1 质量检查应检查 DEM 的高程精度、高程符合性和数据完备性。

8.4.2 高程精度检查应符合下列规定：

1 抽检面积应不少于 DEM 产品面积的 10%；检测样本应均匀分布，兼顾不同地形类别。

2 应利用野外实测的高程点或卫星图像区域网平差得到的高程点进行精度检测。

3 高程检查点应均匀分布，其密度应为图上每 100mm×100mm 内不少于 1 个。

8.4.3 高程符合性检查应利用卫星图像测量的高程点、数字线划地形图的等高线与 DEM 成果进行高程一致性检查。

8.4.4 数据完备性检查应逐一检查 DEM 范围、起始格网的坐标、格网间距的正确性。

8.5 资料提交

8.5.1 DEM 作业应提交下列资料：
1 技术设计书；
2 DEM 数据；
3 产品质量报告；
4 技术总结。

8.5.2 DEM 产品应标明卫星图像采集日期、DEM 生产日期、比例尺和生产单位。

9 数字正射影像图制作

9.1 一般规定

9.1.1 卫星图像生成数字正射影像图（DOM）应按导入区域网平差作业文件构建立体模型或带控制点的单片卫星图像输入、数据处理、质量检查和资料提交流程作业。

9.1.2 DOM 作业宜具有对应的数字高程模型（DEM）数据；DEM 数据的比例尺应不小于 DOM 比例尺。

9.1.3 DEM 与 DOM 的数学基础应一致。

9.1.4 DOM 技术指标宜符合表 9.1.4 的规定。

表 9.1.4 DOM 技术指标

成图比例尺	1:2 000	1:5 000	1:10 000
地面分辨率（m）	≤0.5	≤1.0	≤2.5
灰阶	≥256	≥256	≥256
波段（个）	≥1	≥1	≥1

9.1.5 DOM 的平面位置中误差应按相同比例尺地形图平面位置中误差的规定执行。

9.1.6 DOM 宜采用 TIFF 格式存储，其地理定位信息宜采用 TFW 格式。

9.2 数据处理

9.2.1 卫星图像预处理应符合下列规定：
1 应进行去模糊、去雾的图像增强预处理。
2 宜对图像色调、亮度、对比度进行调整处理。
3 应进行图像重采样，提高生成的 DOM 视觉效果。

9.2.2 波段叠加应选择表现能力强的波段进行合成，图像配准误差应小于 0.5 个像元。

9.2.3 制作彩色数字正射影像图时，应对测区内全色影像和多光谱彩色影像进行融合处理。全色影像和多光谱影像的配准误差应小于 0.5 个全色影像像元。

条文说明

　　卫星图像融合是指将单一传感器的不同地面分辨率的多波段信息或不同类型传感器所提供的信息加以综合，消除信息冗余和矛盾。

9.2.4 立体卫星图像 DOM 生成应直接应用区域网平差结果进行立体卫星图像数字微分纠正。

9.2.5 单景卫星图像 DOM 生成，每标准景卫星图像应布设不少于 1 个图像控制点，并应采用卫星图像有理多项式系数及 DEM 数据进行数字微分纠正。图像控制点的平面坐标和高程宜进行实地测量，也可在更大比例尺数字线划地形图上量取。

9.2.6 图像镶嵌的镶嵌线宜沿着道路、地类边缘、地块边缘或色调较暗的地方通过。镶嵌线的选择应符合下列规定：
1　不应靠近影像边缘。
2　宜避免穿过明显高出地面的房屋、树木。
3　宜避免直接穿过大面积的水域。
4　宜避开相邻正射影像图上成像颜色反差大的区域。

9.2.7 图像镶嵌处理应符合下列规定：
1　两幅色调差别较大的图像镶嵌时，应分别对各自的图像进行色调调整。
2　相邻图像应有 10 排以上像元的重叠，接边处应消除模糊和重影。
3　镶嵌后的 DOM 不应出现漏洞，不应有明显的镶嵌痕迹。

9.2.8 DOM 裁剪应依据裁剪线外扩不少于 1 排栅格点影像进行作业。

9.3　质量检查

9.3.1 质量检查应检查 DOM 的平面精度、接边和一致性。

9.3.2 平面精度检查应符合下列规定：
1　抽检面积应不少于 DOM 产品面积的 10%；检测样本应均匀分布，兼顾不同地形类别。

2 应利用野外实测的平面检查点或在大一级比例尺地形图上读取明显目标点进行精度检测。

3 平面检查点应均匀分布，其密度应为图上每 100mm×100mm 内不少于 1 个。

9.3.3 接边检查应检查相邻两 DOM 影像图接边处的较差。超过限差的产品应重新生成 DOM。

9.3.4 一致性检查应检查相邻 DOM 的图案、纹理、亮度、反差、色调、色彩一致性。

9.4 资料提交

9.4.1 DOM 作业应提交下列资料：
1 技术设计书；
2 DOM 数据；
3 产品质量报告；
4 技术总结。

9.4.2 DOM 产品应标明卫星图像采集日期、生产日期、比例尺和生产单位。

10 数字线划地形图生产

10.1 一般规定

10.1.1 卫星图像生成数字线划地形图（DLG）应按导入区域网平差作业文件构建立体模型、数据采集、数据编辑、质量检查和资料提交流程作业。

10.1.2 应在构建的可量测卫星图像立体模型上获取地物、地貌要素空间位置信息。

10.1.3 DLG 图形文件格式可为 DGN、DWG 或 DXF 格式。

10.2 数据采集

10.2.1 应对采集的地形要素进行分类，并应按层进行存储。每类地形要素应包括层内容、层名及颜色信息。DLG 要素的分类及属性应按附录 A 的规定执行。

10.2.2 数据采集作业应符合下列规定：
 1 应正确设置记录参数。
 2 宜调整立体像对的反差和对比度，保证影像清晰，能正确判明各种地物边缘和山体沟壑。
 3 应利用已知控制点对卫星图像立体模型进行精度检查。
 4 应对地物、地貌要素进行数据采集。

10.2.3 地貌要素采集应符合下列规定：
 1 等高线采集应设置好高程值后用测标立体切准模型描绘。
 2 首曲线不能显示出地貌特征或平坦地区首曲线在图上间隔大于 50mm 时，应加绘间曲线。
 3 等倾斜地段相邻两计曲线间距图上小于 5mm 时，可只测绘计曲线，并插绘首曲线。
 4 山脊线、山谷线应位置准确、走向分明。
 5 斜坡应采集上坡线及对应的下坡线。
 6 有植被覆盖的地表应进行植被高度改正。

10.2.4 地物要素采集应符合下列规定：
1 各类建筑物、构筑物及主要附属设施数据均应采集。
2 水系的表达应反映水系类型、形态和密度特征，河流与湖泊入口衔接关系的表示应自然合理。
3 水涯线的表示宜以卫星图像采集时水位为准。
4 采集依比例尺表示的地物应切准轮廓线或拐角，并采点连线。
5 采集不依比例尺表示的地物应确定定位点或定位线，采用相应符号或线型表示。

10.2.5 立体模型难以判出的涵洞、泉、电杆、水闸、水井以及一些线状地物，应借助外业调绘进行展绘；靠近高楼、树底下的线状地物及林地中的独立地物，应借助外业调绘量取与其邻近的明显地物的距离，绘出准确位置。

10.2.6 注记点分布应符合下列规定：
1 线路、地质、水文各专业所需的专用点，路线附近的沟心、谷底、鞍部、山顶、变坡处、坎顶、坎底、道路交叉、桥面最高处及主要河流、湖泊及较大水塘的水边均应测注高程注记点。
2 铁路、公路图上 10～15mm 应测注高程注记点。
3 高程注记点密度宜为图上每 100mm×100mm 内，平原、微丘地区 10～20 个，重丘、山岭地区 8～15 个。
4 等高线注记宜为图上每 100mm×100mm 内 1～3 个。

10.2.7 注记的字头宜指向路线前进方向的左侧。

10.3 数据编辑

10.3.1 DLG 数据编辑应包括地貌要素、地物要素和属性数据的编辑工作。

10.3.2 地貌要素编辑应保证图面清晰易读，并应符合下列规定：
1 等高线遇到建筑物、双线道路、路堤、路堑、坑穴、陡坎、斜坡、湖泊、双线河、双线渠、水库、池塘等时，均应中断。
2 应消除等高线粘连、相交、抖动现象。
3 等高线的坡向不易判别时，应加绘示坡线。

10.3.3 地物要素编辑应符合下列规定：
1 建筑在陡坎和斜坡上的建筑物应按实际位置绘出，陡坎无法准确绘出时，可移位 0.2mm 表示。
2 悬空建筑在水上的房屋与水涯线重合时，房屋应照常表示，间断水涯线。

3 两个点状地物相距很近且同时绘出有困难时，可将高大突出的或对路线方案位置有控制性要求的准确表示，另一个移位0.2mm表示。

4 点状地物与房屋、道路、水系地物重合时，可中断其他地物符号并间断0.2mm，以保持点状地物的完整性。

5 公路应注明等级、通向、路基和路面的宽度以及铺面材料；铁路应注明等级、通向，与道路相交时应中断道路符号。

6 地面、地下及架空管线应按地面标记连线表示，并应注明输送物资。

7 电力线、通信线走向与线状地物平行且距离小于图上10mm时，可不连线，10kV以上的输电线应注明电压伏数。

8 水涯线遇桥梁、水坝、水闸时应中断，与陡坎重合时可用陡坎边线代替，与斜坡脚重合时应在坡脚绘出。

9 两级境界重合时，应绘高一级境界符号，并应注记两级行政隶属。

10 地类界与地面有实物的线状符号重合时，可省略不绘；与地面无实物的线状符号重合时，将地类界图上移位0.2mm绘出。

11 注记与独立地物、线状地物重合时，宜移动注记位置。

条文说明

间隔0.2mm是假设地图在300mm左右的明视距离阅读时，能让人清晰地分辨地物之间视觉阈值。

10.3.4 属性数据编辑应符合下列规定：
1 房屋、湖泊、闭合的等高线应封闭。
2 地物要素属性值不应出现差错和遗漏。
3 同一道路接边的等级、路宽、路名应一致。

10.3.5 地形图接边应符合下列规定：
1 地物、等高线接边差在限差以内时，应取平均值作为最终使用值。
2 不同坐标系之间的地形图接边，应将相邻地形图进行变换，统一到同一坐标系内接边。
3 地形图接边处的数据应连续、无裂缝，图形平滑、自然，属性一致。

10.4 质量检查

10.4.1 质量检查应检查DLG的数学基础、精度、属性、逻辑一致性和数据完备性。

10.4.2 数学基础检查应将图廓点、公里网或经纬网交点、控制点等坐标在屏幕上逐一显示，并应进行逐一核对。

10.4.3 精度检查应符合下列规定：

1 抽检面积应不少于DLG产品面积的10%；检测样本应均匀分布，兼顾不同地形类别。
2 应利用野外实测的检查点或卫星图像区域网平差得到的检查点进行精度检测。
3 检查点应均匀分布，其密度应为图上每100mm×100mm内不少于1个。

10.4.4 属性检查应检查下列内容：

1 地形要素分层、代码的正确性和遗漏情况；
2 属性项名称、类型、长度、顺序的正确性和遗漏情况；
3 公共边属性的正确性。

条文说明

属性数据可分为两类：第一类为与空间实体数据紧密相关的，用于区分空间数据实体的基本属性类；第二类是因应用专业而异的专题属性数据。第一类属性数据是检查的重点。

10.4.5 逻辑一致性检查应检查下列内容：

1 各要素关系的合理性；
2 各要素分布特点和密度特征的正确性；
3 点、线、面拓扑关系的正确性；
4 符号、线状要素方向的正确性。

10.4.6 数据完备性检查应检查各种注记、境界、地类界的正确性和遗漏情况，不应出现漏绘和错误的地形要素。

10.5 资料提交

10.5.1 DLG作业应提交下列资料：

1 技术设计书；
2 DLG数据；
3 产品质量报告；
4 技术总结。

10.5.2 DLG产品应标明卫星图像采集日期、生产日期、比例尺和生产单位。

11 地形图修测

11.1 一般规定

11.1.1 卫星图像地形图修测应按导入区域网平差作业文件构建立体模型或输入数字正射影像、数据采集与编辑、质量检查和资料提交流程作业。

11.1.2 采用单景卫星图像进行地形图修测时，应具备对应的数字正射影像图。

11.1.3 原图和经修测的地形图平面位置精度和高程精度均应符合本规程第 1.0.7 条的规定。

11.1.4 地形图修测应符合下列规定：
 1 地形要素变化率计算应按附录 B 的规定执行。
 2 原图地物要素的变化率小于 20% 且地貌要素无实质性变化，或原图内某种重要地物发生变化时，宜进行局部修测。
 3 原图地形要素变化率为 20%～50% 时，宜进行全面修测。
 4 原图未达到现行标准的精度要求、地形要素变化率超过 50%，或修测次数超过 3 次时，不得进行修测。

11.1.5 修测图的图式、符号应符合原图测绘时执行的规定。

11.2 数据采集与编辑

11.2.1 数据采集应符合下列规定：
 1 地物要素可采用单景卫星图像或立体卫星图像进行修测。
 2 地形要素应采用立体卫星图像进行修测。
 3 修测采集地物和地貌要素应按本规程第 10 章的规定执行。

11.2.2 数据编辑应符合下列规定：
 1 修测地物与原图地物衔接应保持要素相互间位置关系的正确性。
 2 修测地物与原图地貌衔接应协调好地物与地貌的关系，保持地物、地貌相关位置的正确性。
3 微地貌形态表示应执行原图测绘方法。
4 新的控制点高程与等高线有矛盾时，应修改等高线。
5 应按规定的符号、线型、色彩对地形图要素进行符号化处理。
6 地物要素移位表示的值应为图上0.2mm。

11.2.3 地形图修测接边应符合下列规定：
1 修测图与原图之间的地形要素接边误差在限差之内时，应以修测图为准。
2 修测图上新增地形要素可不进行接边。
3 修测图之间的接边应按本规程第10章的规定执行。

11.3 质量检查

11.3.1 质量检查应检查修测图的精度、数据完备性和逻辑一致性。

11.3.2 精度检查应符合下列规定：
1 全面修测的抽检面积应不少于修测图产品面积的10%。
2 局部修测的抽检面积应不少于修测图产品修测面积的50%。
3 检测样本应均匀分布，兼顾不同地形类别。
4 检查点应均匀分布，其密度应为图上每100mm×100mm内不少于1个。

11.3.3 数据完备性检查，应检查修测图与原图的地形要素数据完备性、属性数据正确性及衔接的合理性。

11.3.4 逻辑一致性检查，应检查修测图与原图衔接的线段相交悬挂或过头现象，面状区域封闭性，公共边线或同一目标的表达一致性，连通地物的连接正确性。

11.4 资料提交

11.4.1 地形图修测作业应提交下列资料：
1 修测地形图；
2 产品质量报告；
3 技术总结。

11.4.2 修测地形图产品应标明卫星图像采集日期、修测日期和生产单位。

附录 A 地形要素分类及属性

A.0.1 应对地形要素进行分类，提高 DLG 数据管理、储存、应用的有效性和实用性。

A.0.2 应按地形要素分类赋予每类地形要素不同的层、颜色，保证地形要素有效辨识。

A.0.3 地形要素分类及属性应按表 A.0.3 的规定执行。

表 A.0.3 地形要素分类及属性

序号	层内容	层名	颜色	地形要素属性
1	高程注记	1	0	高程注记
2	等高线	3	6	计曲线
			70	首曲线
3	房屋建筑	4	0	房屋、楼层注记、围墙
			5	篱笆
4	独立地物	5	0	坟、独立坟、窑、烟囱、水塔、碑柱墩、窑洞、独杆广告牌
5	铁路	6	162	铁路
6	管线	7	4	电杆、变压器、高压线塔、变电室（所）、通信线、高压线、低压线
7	水系及附属物	8	2	河流、湖泊、池塘、井
8	境界	9	3	省界、地区界、县界、乡镇界
9	植被	11	5	行树、水田、旱地、菜地、果树、树林、幼林、荒地、草地、灌木林、竹林、独立树、花圃、地类界
10	大车路	12	4	大车路
11	小路	13	4	小路
12	汉字	14	0	汉字
13	坡、坎	15	7	陡坎、加固陡坎、垄、斜坡
14	铁丝网	17	5	铁丝网

续表 A.0.3

序号	层内容	层名	颜色	地形要素属性
15	田块	18	5	田块线
16	一级公路路面	19	4	一级公路路面
17	一级公路路基	20	4	一级公路路基
18	二级公路	21	4	二级公路
19	三级公路	22	4	三级公路
20	四级公路	23	4	四级公路
21	等外公路	24	4	等外公路
22	高速公路路面	30	4	高速公路路面
23	高速公路路基	31	4	高速公路路基
24	高速公路车道	32	0	高速公路车道
25	高速公路中央分隔带	33	4	高速公路中央分隔带
26	高速公路边坡线	34	7	高速公路边坡线
27	高速公路边坡脚线	35	7	高速公路边坡脚线
28	高速公路沟底线	37	2	高速公路沟底线
29	高速公路沟边线	38	7	高速公路沟边线
30	高速公路涵洞	39	4	高速公路涵洞
31	高速公路收费站、设施	40	0	高速公路收费站、设施
32	图框	43	0	图框

附录 B 地形要素变化率计算方法

B.0.1 地形要素变化率计算可采用综合统计法或格网统计法。

B.0.2 综合统计法应按式（B.0.2-1）~式（B.0.2-3）计算地形要素变化率。

$$a_{综} = \frac{n}{N} \times 100\% \quad (B.0.2\text{-}1)$$

$$N = N_1 + n \quad (B.0.2\text{-}2)$$

$$n = n_1 + n_2 + n_3 + \cdots + n_i \quad (B.0.2\text{-}3)$$

式中：$a_{综}$——地形要素变化率；
　　　N_1——原图上的原有地形要素总量；
　　　n——图幅内地形要素综合变化总量；
　　　N——原图上的原有地形要素总量 N_1 与地形要素综合变化总量 n 之和；
　　　n_1——新增地物；
　　　n_2——变迁地物；
　　　n_3——消失地物；
　　　n_i——其他变化地物。

B.0.3 格网统计法应以图上 50mm×50mm 格网为一个变化量统计单位，统计地形要素变化情况，并应按式（B.0.3）计算地形要素变化率。

$$a_{格} = \frac{m}{M} \times 100\% \quad (B.0.3)$$

式中：$a_{格}$——地形要素变化率；
　　　m——地形要素变化的总格网数；
　　　M——理论的 50mm×50mm 格网数（$M > m$）。

本规程用词用语说明

1 本规程执行严格程度的用词，采用下列写法：

1）表示很严格，非这样做不可的用词，正面词采用"必须"，反面词采用"严禁"；

2）表示严格，在正常情况下均应这样做的用词，正面词采用"应"，反面词采用"不应"或"不得"；

3）表示允许稍有选择，在条件许可时首先应这样做的用词，正面词采用"宜"，反面词采用"不宜"；

4）表示有选择，在一定条件下可以这样做的用词，采用"可"。

2 引用标准的用语采用下列写法：

1）在标准总则中表述与相关标准的关系时，采用"除应符合本规程的规定外，尚应符合国家和行业现行有关标准的规定"。

2）在标准条文及其他规定中，当引用的标准为国家标准和行业标准时，表述为"应符合《××××××》(×××)的有关规定"。

3）当引用本标准中的其他规定时，表述为"应符合本规程第×章的有关规定"、"应符合本规程第×.×节的有关规定"、"应符合本规程第×.×.×条的有关规定"或"应按本规程第×.×.×条的有关规定执行"。